AF191331

Sigrid Maria Thelen-Schult

Die **Welt** mit dem Herzen **umarmen**

Eine Lebenseinstellung,
die zu Wachstum und Frieden führt.

Inhaltsverzeichnis

Vorwort:
Zur Entstehung dieses Buches.

Es gibt keinen genauen Zeitpunkt, an dem ich mich entschlossen hätte, dieses Buch zu schreiben.

Alles begann vor ca. 10 Jahren. Ich war mit meinen beiden Kindern aus der Stadt aufs Land gezogen.

In diesem Haus gab es viel Platz, und ich fühlte mich dort sehr wohl. Nach nur zwei Jahren mussten wir dieses kleine Paradies verlassen und wir bezogen die Parterre Wohnung, in der wir nur die Hälfte des Wohnraums zur Verfügung hatten, wie zuvor.

Zu dieser Zeit begann der nächtliche »Unterricht«.

Ich wachte nachts auf und »musste« schreiben. Von da an lagen Papier und Kugelschreiber immer bereit, direkt neben meinem Bett, so dass ich keine Zeit verlor, das »Gehörte« zu Papier zu bringen. Oftmals rasten die Gedanken so schnell durch meinen Kopf, dass ich Mühe hatte, die Worte zu Papier zu bringen und dementsprechend sahen die Sätze am nächsten Tag auch aus. Manches war nicht mehr zu entziffern, anderes sehr deutlich lesbar. Was aber eindeutig und klar zum Ausdruck kam, war, dass es sich bei den Texten immer um Liebe handelte. Nicht die romantische Form der Liebe war der Gegenstand der Unterweisungen, sondern die allumfassende Liebe als die alleinige Kraft im Universum, die alle Realitäten schafft und erschafft. Und so wunderte es mich nicht, dass die Verbindung von Liebe und Gott – und der ihr innewohnenden Einheit – immer deutlicher Gestalt annahm.

Leider fehlte mir die Zeit, oder aber es war für mich noch nicht der richtige Zeitpunkt, diese spirituellen Kostbarkeiten zu ordnen, auszuwerten und in eine Form zu bringen. Es sollten 10 Jahre ins Land gehen, bis der Entschluss gereift war, ein Buch zu verfassen, indem die nächtlichen Geschenke ihren Platz finden sollten.

Der Titel des Buches, mit dem ich eines Morgens vor vielen Jahren aufwachte, war in all den Jahren ein fester Bestandteil meines Gewahrseins und hat sich keiner Wandlung unterzogen. Er blieb bis heute die feste Konstante in diesem »Projekt«.

Er umfasst gleichsam alles Gewordene und noch Werdende und ist in seiner Botschaft zeitlos.

Die geistige Welt hat viel Geduld mit mir gezeigt und die Quelle der Inspiration nicht versiegen lassen. Sie trägt mich durch alle Wandlungen meines Lebens, und ich empfinde tiefe Dankbarkeit und Freude. Alles was hier geschrieben steht, kommt aus dem Herzen der Quelle selbst, die das Leben ist, so wie wir es alle erfahren können, wenn wir uns entscheiden, zur Liebe hin zu erwachen.

Kapitel 1:
Die Liebe und ihre Bedeutung in der Welt.

Leid und Schmerz als Kraftquelle spiritueller Bewusstwerdung

Um es in einem Satz zu sagen: Liebe hat die Bedeutung, uns erfahren zu lassen, wo wir noch nicht Liebe sind. Negative Gedanken, Gefühle und Handlungen wirken sich einschränkend und schädlich aus auf unser Wohlbefinden, entziehen uns Lebenskraft und sorgen dafür, dass wir Ersatzhandlungen produzieren, um unser Wohlgefühl wieder herzustellen. Harmloser Ersatz sind alle Arten von Konsumgütern, von Dingen, die wir nicht benötigen, ja, die uns einen Tag später schon keine Freude mehr machen oder uns regelrecht verärgern. Wir können hier auch von Illusionen sprechen, dem Vorgaukeln falscher Tatsachen. Was uns nicht aus dem Herzen heraus nährt, kann eben dauerhaft keinen Bestand haben.

Gefährliche Ersatzhandlungen für nicht erfahrene und nicht gelebte Liebe sind alle Arten von Manipulationen, Gewaltanwendungen bei uns selbst und bei Anderen, die bis hinein in die Kriege zwischen verfeindenden Gruppierungen und Völkern führen.

Alle diese Ersatzhandlungen haben Eines gemeinsam: es geht darum, sich selbst zu spüren. Zu fühlen, dass wir lebendig sind. Und dafür ist jedes Mittel recht, in der einen oder anderen Weise.

Liebe ist der natürliche Zustand des Lebendig-Seins. Sie ist dem Leben immanent, ist das Gesetz des Lebens. In der Liebe hat alles seinen Platz, ist alles gleichwertig, bezieht sich alles aufeinander, steht alles miteinander in Resonanz.

Die kleinste Amöbe liefert ihren Beitrag im Ökosystem der Erde und sorgt hier für das entsprechende Gleichgewicht.

Alles ist miteinander vernetzt, bedingt sich gegenseitig, und der Mensch ist aufgerufen, dieses perfekte System zum Wohle aller zu schützen un zu nutzen, Ordnungen und Strukturen hinein zu bringen, die Lebensräume für alle schaffen. Ein großer Akt der Liebe !

Die Fülle, die uns die Erde schenkt, in Achtsamkeit zu verwalten und gerecht zu verteilen, setzt ein Bewusstsein voraus, das sich auf Liebe hin ausrichtet, verlangt eine Verantwortung von jedem einzelnen Menschen, an seinem Platz und in seinen Möglichkeiten, die ihm anvertrauten Schätze und Begabungen im Sinne der Schöpfung zum Wohle aller einzusetzen.

Gott hat in seiner Schöpfung das Gesetz der Liebe verankert als das alleinige, heilbringende Prinzip. Der Versuch, die Liebe zu umgehen, führt immer in eine Sackgasse, die Leiden bringt und lässt sich letztlich nicht vermeiden.

So fordert uns das Leiden in Form von Kriegen, Naturkatastrophen und Epidemien auf der globalen Ebene und von Leid, Schmerz und Krankheit auf der persönlichen Ebene auf, hinzuschauen und hinzuspüren, wo wir durch Angst und Mangelbewusstsein dem Gesetz der Liebe ausweichen und entgegenhandeln. Denn immer dann, wenn wir nicht mit der Kraft unseres Herzens verbunden sind, kreieren wir leidvolle Situationen oder leiden an Situationen.

Liebe erkennt keine Polaritäten an, sie ist die verbindende Kraft hinter allen Erscheinungen und enthält kein getrenntes Bewusstsein und ist daher jenseits von »Gut und Böse«.

Wir glauben, zahlreiche Alternativen zur Liebe zu haben, für die wir uns entscheiden könnten. Letztendlich sind all diese scheinbaren Möglichkeiten unseres »freien« Willens Illusionen und führen uns konsequent zu der Erfahrung und der Erkenntnis eines ungeteilten Seins, das in der Liebe wurzelt und uns »zwingt«, dieses »Gesetz« als die alleinige Wahrheit in Allem anzuerkennen, zu achten und in uns selbst zur Offenbarung zu bringen. Alles was wir im Sinne dieses Gesetzes verwirklichen, hat heilsame Konsequenzen für unser eigenes Leben und das Leben auf der Erde.

Wir stehen als Menschen mit der Schöpfung in einem Resonanzfeld, dem wir nicht ausweichen können, das wir aber bewusst gestalten können zum Wohle aller Wesen.

»Das Böse kann nur geschehen, wenn Ereignisse aus der Balance geraten und zu Extremen werden. Das tiefgründige Mysterium des Bösen ist in seinem höheren Sinne und auf lange Zeit gesehen der Dienst am Guten.« *(P.M.H Atwater: Indigokinder und die neue Zeit ab 2012. S.249)*

Leid und Schmerz als Kraftquelle spiritueller Bewusstwerdung

Es geht in unserem Leben nur und ausschließlich um die Erfahrung und die Entfaltung von Liebe. Erleben wir Leid oder Schmerz, Krankheit, Angst oder Depression, weisen uns diese Zustände darauf hin, dass wir uns von der Liebe abgekoppelt haben.

Die Schöpfung, die uns umgibt, ist Ausdruck göttlicher Liebe, und wir sind aufgerufen, uns zu entscheiden, diese Liebe in uns zur Entfaltung zu bringen, unabhängig von der Form, in der sie uns erscheint.

Unser Leben spiegelt uns in zahlreichen Facetten und Erfahrungen immer nur unseren eigenen Stand in Bezug auf unsere Liebesfähigkeit. Da wir als Menschen eine Einheit mit der gesamten Schöpfung bilden, fließt all unser Denken, Fühlen und Wollen (Handeln) in die Realität unserer Erde und ihrer Lebewesen ein, gestaltet und beeinflusst die Entwicklung in der einen oder anderen Weise (Richtung).

Entscheiden wir uns für die Liebe und ihre Herausforderungen, wird unser Leben und das des Planeten Erde unausweichlich in Gegenwart und Zukunft friedensschaffende Prozesse hervorbringen.

Wie immer beginnt diese Arbeit bei uns selbst und setzt an unseren Erfahrungen, Denkstrukturen und Glaubenssätzen an. Als geistige Wesen haben wir jederzeit die Möglichkeit, verändernd in diese Denkprozesse einzugreifen. Das Bewusstsein, dass wir auf Liebe angelegte Wesen sind, spielt bei der Umwandlung (Transformation)alter Muster eine zentrale Rolle und öffnet der Heilung Möglichkeiten der Wirksamkeit.

Der Schmerz oder die Krankheit, die wir erleiden, ist immer schon Teil des Heilungsgeschehens. Wir erfahren auf diesem Weg, wo wir die Liebe ausblenden, uns als Opfer fühlen und der Angst Macht geben. Gefühle und Gedanken transportieren Energien, die den freien Fluss des Lebens blockieren und für Energiestaus sorgen. Wir erkennen oft keinen kausalen Zusammenhang zwischen einer Krankheit und schlechten Gefühlen und negativen Gedanken. Und doch schreibt sich alles Fühlen und Denken in unsere Seele ein und beflügelt und gesundet sie oder begrenzt und kränkt sie. Es braucht oft viele ängstliche, auf Mangel ausgerichtete Gefühle und Gedanken, bis diese sich als Krankheiten, Unfälle usw. manifestieren.

Zum gegenwärtigen Zeitpunkt wird die Erde und die auf ihr lebende Menschheit einem fundamentalen Bewusstseinswandel unterzogen, der in Richtung dieser allumfassenden Liebe geht und diese zum Ziel hat. Wir können hier auch von Geburtsprozessen sprechen.

Erderwärmung, fahrlässiger Ressourcenverbrauch, profitorientiertes Wirtschaften, in dessen Folge sich der Klimawandel vollzieht, lenken unseren Blick und unser Bewusstsein auf die Verantwortung, die wir als Menschen allem Leben gegenüber haben.

Diese Zustände setzten Zeichen. Sie wollen unsere Wahrnehmung schärfen und uns zur Umkehr unseres Denkens und Handelns führen. Wir dürfen erkennen, dass jeder Gedanke, jedes Gefühl, jeder Wunsch und jede Handlung, die nicht auf Wertschätzung und Achtsamkeit allem Leben gegenüber beruhen, folgenschwere Konsequenzen zeitigen.

Das Gesetz der Liebe wirkt gleichermaßen in unserem persönlichen Leben als auch gesamtgesellschaftlich, weltweit.

In dem Maße, in dem wir unser Bewusstsein auf Liebe hin ausrichten und die damit einhergehenden Prozesse bejahen, erfahren wir eine Veränderung unserer gesamten Persönlichkeit.

Vertrauen wir dem Fluss des Lebens, der uns immer wieder aufs Neue an die Ufer unseres Menschseins spült (trägt) und uns so in Kontakt bringt mit der schöpferischen Kraft des Lebens, die sich liebend offenbaren möchte, erfahren wir unser Leben und unser »Schicksal« als ein Geschenk, das uns zu Frieden, Freiheit und Freude führt.

Wir übernehmen Verantwortung sowohl für das, was uns geschieht als auch für das, was wir anderen antun. Wir erfahren in allem lebendigen Geschehen die ungeteilte Macht der allumfassenden Liebe, die sich uns als bewusstseinserweiternde Kraft zur Verfügung stellt und uns von Krankheit und Leid befreien wird. Stoßen wir auf diese Weise durch das Nadelöhr der Angst, gelangen wir in ein weites und kraftvolles Gebiet unseres eigenen schöpferischen Potenzials, das in Verbindung mit der göttlichen Liebe uns und der Welt Heilung und dauerhaften Frieden bringt.

Fragen, die wir uns stellen können, um Selbsterkenntnis zu üben:

- Wo befinde ich mich auf meinem Weg, Liebe zu erfahren, Liebe zu sein?

- Welche Wege führen mich tiefer in den Prozess der Liebe?

- Wie sieht es mit meiner Hingabe an diesen Prozess aus?

- Bin ich bereit, mir selbst ein Fehlverhalten zu vergeben und dies auch bei anderen zu praktizieren?

- Welche Haltung hilft mir, den Weg der Liebe kontinuierlich weiter zu gehen?

Liebe und Heilung bedingen einander. Liebe ist die Basis für Heilung. Indem ich beginne, mich als ein auf Liebe und Beziehung angelegtes Wesen zu begreifen und meine Gefühle und Gedanken in dieser Weise schule, auch dann, wenn die Liebe das Gewand der Angst und des Hasses annimmt, um mich zu »erreichen«, verändert sich meine W a h r - n e h m u n g.

Mut und Demut entstehen gleichermaßen. Mut, mich den Herausforderungen der Liebe zu stellen und mich in Demut diesem Wandlungsprozess hinzugeben.

Jede Blockade, jedes Hindernis in unserem Lebensgefüge ist ein Meilenstein auf dem Weg unserer Entwicklung, der Liebe in uns zur Geburt zu verhelfen. Dieser Prozess durchläuft genau wie eine Geburt verschiedene Stadien, bis dahin, aufgeben zu wollen, es nicht mehr aushalten zu können, um schließlich doch das neue Leben in großer Dankbarkeit in Empfang zu nehmen und sich für alle Mühen reich belohnt zu fühlen.

Kapitel 2:
Wie und auf welche Weise äußert sich die Liebe?

Zum Verständnis der Dualität

Liebe hat viele Gesichter. Das Gesicht einer Mutter, wenn sie ihr neugeborenes Kind im Arm hält. Die staunenden Augen eines Kindes, wenn es zum ersten Mal Blumen, Schnee oder kleine Kieselsteine sieht. Alles erscheint wie ein Wunder und beglückt das kleine Wesen. Das, was für uns Erwachsene selbstverständlich und normal ist, bis dahin, dass wir die Schönheiten eines Sommertages nicht mehr bemerken, entlockt dem kleinen Kind Laute des Entzückens. Wenn wir mit den Augen der Kinder die bunte Vielfalt des Lebens betrachten, kann uns wieder erfahrbar werden, dass die Schöpfung Liebe ist. Wie sonst ließen sich die Farben, die Düfte, die Formen, die die Natur hervorbringt, erklären. Hier muss jemand am Werk sein, dessen Herz überfließt vor Liebe und Freude an Gestaltung.

Es braucht so wenig, um sich diesem schauenden und empfindenden Bewusstsein zu öffnen und es in sein Herz zu nehmen. Die Wirkung einer solchen Haltung auf unsere Seele und unser Befinden ist aber umso bedeutsamer.

Das Wesen der Liebe ist Ausdehnung, bedingungsloses Akzeptieren und kennt keine Anhaftungen. Liebe ist ein Zustand, der sich immer nur im »Jetzt« vollzieht. Daher verändert er sich laufend und ist im Fluss des Lebens verankert.

Dort, wo die Liebe in ihrem Bestreben, sich auszudehnen, an Grenzen stößt, erfährt sie Widerstand, der auf der persönlichen Ebene als Energieblockade wirkt. Grenzen, die wir dem Wesen der Liebe entgegensetzen sind negative Gedanken, ungute Gefühle, egoistische, nur auf eigenen Gewinn ausgerichtete Handlungen, »ohne Rücksicht auf Verluste«, wie es so treffend heißt.

Global gesehen drückt sich der Widerstand, Liebe zu praktizieren, in Form von Krieg, Hungersnöten und Naturkatastrophen aus. Es bestehen Resonanzfelder zwischen unserem menschlichen Denken und Fühlen und dem Wesen Natur. So wie die Liebe ein Wesen ist, ist auch die Erde ein Wesen, das atmet. Die

Jahreszeiten sind ein Ausdruck dieses lebendigen Prozesses.

– Zum Wesen der Dualität –

Wir Menschen sind mit allem verbunden, was zwischen Himmel und Erde lebt. Und auch wenn wir es noch so wenig wahrhaben wollen, dass unser Denken und Fühlen die Lebensprozesse in diesem Universum mit gestalten, kommen wir an dieser Wahrheit nicht vorbei.

Alles ist Energie und als solche niemals isoliert zu betrachten. Nichts, von alle dem, was ich jemals gedacht, gefühlt und getan habe, geht verloren. Es durchläuft Wandlungen und Metamorphosen.

Je nachdem, wie viele Menschen in ähnlicher Weise denken, fühlen und handeln, entstehen schöpferische Prozesse. Ist genügend Energie vorhanden, so wird sich das gelebte Bewusstsein (zusammenfassend will ich es so nennen) in der einen oder anderen Weise manifestieren. Positive Energie führt zu aufbauenden und nachhaltigen Manifestationen, zum Wohle der Menschheit und aller auf der Erde lebenden Wesen, negative Energien führen zu Kriegen, Hungersnöten und Naturkatastrophen. So entsteht aus der alles umfassenden Liebe das Prinzip der Dualität. Aus der Einheit von allem was ist, entwickelt sich die Vielfalt des lebendigen Ausdrucks der Schöpferenergien, zu denen ich mich in Freiheit verhalten kann. Alles ist aufeinander bezogen, alles dient Allem, um zur Vollendung zu kommen.

Vollendung bezeichnet den Zustand vollkommenen Gleichgewichts, der nur erreicht werden kann durch den Menschen und seine Möglichkeit, sich bewusst in den Dienst der geistigen Höherentwicklung zu stellen, die sich als ein brüderliches Miteinander in der Welt zeigt. Versuchungen dieser Entfaltung seelisch-geistiger Kräfte, die auf Liebe hin angelegt sind, entgegenzuwirken, können beim näheren Betrachten als Helfer in diesem Prozess erfahren werden.

In dem Wort »Versuchung« steckt das Verb suchen darin. Was aber sucht unsere Seele? Es verlangt sie nach wahrer Identität, nach ewigen, unvergänglichen Gesetzen. Nach etwas Bleibendem in all dem sich beständig Wandelnden. Nach dem Sinn des Lebens suchen wir, unterwegs zur Erfüllung einer tief in uns verwurzelten Sehnsucht, der ich den Namen »Liebe« gebe. Sehnsucht kann man aber nur nach etwas haben, das man schon kennt, aber verloren glaubt, von dem man sich getrennt fühlt.

So steht die Liebe am Beginn allen Lebens und ist als Aufgabe in die Schöpfung hineingeheimnisst.

Sie umfasst das Leben und durchströmt es mit ihrem Atem, wechselt oft ihre Formen, ist manchmal bis zur Unkenntlichkeit entstellt und begegnet uns genau als das Gegenteil, so wie es in Goethes Faust Mephisto ausspricht »Ich bin ein Teil von jener Kraft, die stets das Böse will und doch das Gute schafft.«

Die Erde ist der Planet, auf dem wir in die Lehre gehen, uns in der Liebe zu schulen und hierin zu vervollkommnen. Kinder zeigen uns, wie es geht. Sie leben ganz in der Gegenwart, zeigen ihre Gefühle und sind jederzeit bereit zu verzeihen und wieder neu zu beginnen. Sie sind der Welt und ihren Gefahren ausgeliefert, aber sie vertrauen blind und schenken uns ihre ungeteilte Zuwendung. Kinder können ganz natürlicherweise lieben, sie verlernen es erst mit den Erfahrungen von Angst, abgelehnt sein und anderen negativen Lebensumständen … Der Ausspruch von Jesus: »Wenn Ihr nicht umkehrt und werdet wie die Kinder, so werdet Ihr nicht ins Himmelreich kommen«, gewinnt hier an Bedeutung. Sich zu entscheiden, bewusst und aus freiem Willen heraus zu vertrauen, zu vergeben, zu lieben, sein Leben in diesem Sinne zu verantworten, so wie Kinder es natürlicherweise tun, ist ein lebenslanger Lernprozess, der uns an die Grenzen unseres Menschseins führt und über sie hinausweist.

Erwachsen sein bedeutet, den eigenen Lebensumständen die Macht der Manipulation zu entziehen und sich auf den Weg der Erkenntnis und der Freiheit zu begeben. Auf die Suche nach der Wahrheit hinter den Erscheinungen. Und die Wahrheit verspricht uns frei zu machen. Freiheit als die Einsicht in die Notwendigkeit zu begreifen, macht aus Opfern verantwortungsbewusst Handelnde. Handele ich aus Verantwortung dem Erhalt des Lebens gegenüber, ist immer die Liebe zu dem mir anvertrauten Leben das Maß der Dinge.

Ob es sich dabei um mein eigenes Leben handelt oder um den Schutz allen Lebens auf dieser Erde. Dieser Weg erfordert Mut zur eigenen Wahrheit, den Wunsch, Illusionen zu enttarnen, Enttäuschungen als Befreiung von Täuschung zu erkennen und mich selbst immer in den Mittelpunkt einer Weiterentwicklung zu stellen, in dem Bewusstsein, dass Veränderung in mir beginnt, aber nicht auf mich beschränkt bleibt, sondern in der Welt ihren positiven Ausdruck findet.

Kapitel 3:
Liebe in der Welt – Liebe in mir

Eine Entsprechung – ein Resonanzgeschehen

Wenn die Schöpfung Liebe ist, sind die Erscheinungen der Welt sichtbar gewordene Liebessubstanz, wir als Menschen eingeschlossen. Richten wir unser Augenmerk auf die Schönheit und Einmaligkeit der Naturphänomene, die Formen, die Farben, die unglaubliche Kreativität im Ausdruck des Lebens, können wir dieser Einstellung wohl zustimmen. Doch betrachten wir die Handlungen der Menschen, unser Umgang miteinander, besonders dann, wenn wir uns fremd sind in der Kultur und den Eigenarten dieser Kultur, stoßen wir auf Skepsis, im schlimmsten Fall auch auf Gewaltanwendungen. Wie ist das vereinbar mit der Liebe, die sich in aller Schöpfung offenbart? In dem Kapitel über die Bedeutung von Schmerz und Leid in der Welt, gibt es schon einige Überlegungen hierzu. Das Opfer. das die Liebe bringt, sich selbst zu »verleugnen«, sich bis in den Hass hinein zu »tarnen« um uns ins Erwachen zu führen, unsere Entscheidungen in Bezug auf die Liebe, bewusst zu fällen. Die Liebe in all dem »Bösen« dennoch als Substanz zu erfassen und ihr so zum Durchbruch zu verhelfen, ist nur deshalb möglich, weil sie als unzerstörbarer Kern uns und allem Lebendigen innewohnt.

Es gibt keine Trennung zwischen mir und einem anderen Wesen, seien es Steine, Pflanzen, Tiere oder Menschen. Wir alle sind EINS.

Die Trennung, die wir erfahren, ist eine Illusion und resultiert aus einem getrennt sich begreifenden Bewusstsein, welches sich als vereinzelt wahrnimmt und so den Kontakt zu der Vielfalt der Erscheinungen dieser Welt nicht in Gänze vollziehen kann. Wie ich denke, fühle oder handle hat zwar in meinem eigenen Leben Konsequenzen, die ich wohl erfahren werde, auch dass mein Handeln in der Welt positive oder negative Ergebnisse hervorbringt, können wir ablesen. (Beispiel: Klimaveränderung). Bis dahin werden mir die meisten Leser recht gut folgen können.

Aber wie sieht es aus mit unseren Gedanken und Gefühlen in Bezug auf das Weltgeschehen?

Hat es eine Bedeutung und wenn ja, welche? Gehe ich davon aus, dass Materie verdichtete Energie ist, ergibt sich von selbst die Antwort auf diese Frage.

Da ich Teil der ganzen Menschheit bin, beeinflusst auch alles, was ich denke, fühle oder tue, wiederum diese Menschheit. Die Menschheit ist ein großer, einheitlicher »Körper«, ein Organismus, zu dem auch die Erde gehört. Und dieser Organismus unterliegt Gesetzmäßigkeiten, die wir erkennen müssen, um für seinen Erhalt und seine Gesundheit zu sorgen. Wenn ich das Gleichgewicht dieses Organismus untergrabe, indem ich für kurzfristige Erfolge, Erträge und Bequemlichkeiten gegen besseres Wissen handle, wird das Auswirkungen haben auf alles Lebendige, das diesen Organismus bewohnt. Wenn meine eigene Bedürfnisbefriedigung auf Kosten der anderen Lebewesen geht (Menschen, Tiere, Naturausbeutung, Klima) hat das Konsequenzen für uns alle, die früher oder später jeden von uns betreffen. Auf der Wirkebene der Handlungen ist dies recht schnell deutlich erfahrbar, doch sind unsere Gedanken und Gefühle, unsere Einstellungen und unser Bewusstsein ebenso Träger für wahren Fortschritt und achtsame

Weiterentwicklung zum Wohle aller oder tragen zur Vernichtung allen Lebens bei. Wir können in unserem ganz persönlichen Bereich viel dazu beitragen, die Welt zu einem besseren Ort zu machen, indem wir unser Fühlen, Denken und Handeln auf Brüderlichkeit ausrichten und uns um Verständnis des uns Fremden bemühen. Das gelingt uns nur, wenn wir begreifen und wahrhaft verstehen, dass wir eine einzige Menschheit sind, trotz aller Unterschiede, die sich in Kulturen und Nationen zeigen. Besinnen wir uns auf das Gemeinsame, die Erde, die wir bewohnen und die uns anvertraut ist, Leben weiter zu geben und es miteinander zu teilen, zum Wohle aller die Schöpfung nicht nur zu bewahren, sondern sie zu einem Ort des Friedens und der Liebe zu gestalten. Zugegeben, ein langer Weg, für den sich jede Mühe lohnt.

Hierzu einige Gedanken, die mir eine Freundin zukommen ließ. Verfasser/in mir unbekannt.

»Die Energie von Frieden und Freude ist etwas ganz Reales. Vielleicht werden Wissenschaftler eines Tages in der Lage sein, diese Energie zu messen. Doch auch ohne eine solche Messung wissen wir, dass diese Energie in der Lage ist, unseren Körper, unseren Geist und unseren Planeten zu verändern. Jedes Mal, wenn wir diese Energie erzeugen, wenn wir einen wunderbaren Gedanken hervorbringen, der von Verstehen und Mitgefühl durchdrungen ist, tritt eine Wirkung ein«.

Kapitel 4:
Wie antwortet mein Ich auf die mir begegnende Liebe?

Eine Herausforderung.

Wie antwortet mein Ich auf die mir begegnende Liebe? Eine Herausforderung.

In der Schöpfungsgeschichte heißt es: »Im Anfang war Er, das Wort und Er, das Wort, war bei Gott und Gott war Er, das Wort. Der war im Uranfang bei Gott. Alles ist durch Ihn geworden, und ohne Ihn geworden ist nicht eines. Was geworden, war Leben in Ihm. Und das Leben war das Licht der Menschen. Er war das wahre Licht, das erleuchtet jeden Menschen – kommend in die Welt.

Und er das Wort ward Fleisch, zeltend unter uns. Und wir schauten seine Herrlichkeit. Herrlichkeit als des Einzigen vom Vater her, voll Gnade und Wahrheit. Gott hat keiner je gesehen, der einzige Sohn, der im Schoß des Vaters west: Er hat berichtet *(Joh. 1, 1-4.9.14.18)*.

Wieso ist die Liebe eine Herausforderung?

Und was hat sie mit meinem Ich zu tun?

»… und das Leben war das Licht der Menschen«.

In diesem Text wird Leben und Licht gleichgesetzt. Licht ist der Wesenskern des Lebens und somit auch unser Lebenskern und liegt allem Leben zugrunde. Wir sprechen auch vom Licht der Erkenntnis, auf dem unser Bewusstsein fußt. Doch das Licht allein bringt noch keine Entwicklung und Veränderung. Entscheidend hierfür ist unsere Verbindung zu diesem Licht und wie ich diese verantworte. Licht macht Wahrnehmung möglich, doch wie ich als Mensch mit diesen Wahrnehmungen umgehe, was sie bei mir auslösen an Impulsen, ist ein ganz eigener, individueller Prozess. Hier bin ich in meinem Ich gefragt und herausgefordert, aus diesem geistig-seelischen Raum zu schauen und in der Begegnung mit dem Wahrgenommenen eine Lösung zu finden, die heilsam und mich

selbst erweiternd, in die Erkenntnis der Sinn-
zusammenhänge führt und eine entsprechende
Handlung nach sich zieht.

Die Herausforderung könnte genau darin bestehen, der Liebe aus meinem ICH heraus zu begegnen. Liebe ist das Geschenk unseres Lebens,
für das wir zunächst nichts getan haben. Es ist
uns widerfahren bei der Geburt … das ist die
eine Version.

Die andere Möglichkeit bezieht ihren Inhalt
aus der Kontinuität von Leben und Tod und der
Notwendigkeit der Wiedergeburt, die es uns ermöglicht, die Konsequenzen unserer Handlungen in einem Leben, zu berichtigen in einem
neuen Leben. Dieser Haltung liegt eine Kraft
der Liebe zu Grunde, die darin wurzelt, das
der andere Mensch und ich selbst nicht getrennt
voneinander sind und das alles, was ich in einem
Leben einem anderen antue (im Guten wie im
Schlechten) ich mir selber antue. Im Nachtodlichen begegne ich diesen Taten und auch den
Schmerzen, die sie anderen verursacht haben,
erlebe sie gleichermaßen an mir selbst.

Mein Mitgefühl und meine Trauer über dieses von mir verursachte Leid, lässt in mir den Entschluss entstehen, es wieder gut machen zu wollen – und der Impuls zu einem erneuten Erdenleben ist erwacht, welches mir diese Möglichkeit eröffnet.

Das kann nur geschehen, weil wir als Menschen diesen Liebeswillen in uns tragen und er unser Ansporn für Entwicklung ist, im Nachtodlichen als auch im diesseitigen Leben. Wir kennen hier den Begriff des Karma, der aus dem östlichen Gedankenstrom kommt und das Prinzip von Ursache und Wirkung beschreibt.

Öffne ich mich diesen Gedanken des Karma, Ursache und Wirkung als eine Kontinuität zu begreifen, die mich über den Tod hinaus wieder mit dem Impuls, mich neu zu verkörpern ausstattet, um einen Ausgleich zu schaffen für Vergangenes, hat das einen nachhaltigen und umfassenden Einfluss auf mein neues Erdenleben.

Ich begegne den Herausforderungen in einer offenen Haltung, bin mir meiner Verantwortung bewusst und bereit, diese zu übernehmen, auch dann, wenn sie mir Schweres abverlangt.

Ich erkenne mich als den Verursacher meines »Schicksals« an und entwachse der Opferrolle.

Die Herausforderungen, die das Leben mir stellt, werden zu Möglichkeiten, mich in Bezug auf Frieden und Liebe hin zu überprüfen und das Bibelzitat : »Ich aber sage Euch, dass Ihr nicht widerstreben sollt dem Bösen, sondern: Wenn Dich jemand auf deine reche Backe schlägt, dem biete die andere auch da.« *(Matth. 5,39)* gewinnt an Bedeutung. Diese hier beschriebene Haltung ist nur möglich, wenn ich mir meiner Selbst immer mehr bewusst werde und mich als ein Geschöpf der Liebe begreife, einem liebenden Vater Gott mich überantworte und in seinem Sinne das Christusbewusstsein durch mich in die Welt strömen lasse. Das ist ein Prozess, der über viele Inkarnationen sich nur vollziehen kann und nicht in e i n e m Leben zur Vollendung kommen wird. Die Impulse, die Welt mit den Augen der Liebe anzuschauen und sie mit meinem Herzen zu umfassen, kommen aus meinem höheren Selbst, das in Verbindung mit dem Christuswesen steht. Hieraus erwächst mir auch die Kraft, Handlungen der Liebe zu vollziehen. Mein Ich ist der Träger des Christusbewusstseins, welches auch als das Einheitsbewusstsein angesprochen werden kann und ist als solches in der Lage, Wandlungen zu vollziehen, die der Liebe einen Raum geben, wenn ich mich dafür entscheide …

Die Herausforderungen, die uns auf diesem Weg begegnen, sind vielfältiger Natur: Gleichgültigkeit und Trägheit, Angst und Zweifel, Krankheit und Ungerechtigkeiten, Illusionen, die diesen Weg verschleiern. Alles in Allem wirken hier die Kräfte der Versuchungen und erfordern unsere ganze Aufmerksamkeit und unsere waches Bewusstsein in Verbindung mit unserem Wunsch nach Wahrhaftigkeit und Frieden, in unserem eigenen Leben, als auch in der Welt.

Unser Ich wird sich durch all diese Unwegsamkeiten hindurch navigieren müssen und in seiner Funktion, als Träger unseres Bewusstsein, auf diese Weise gestärkt werden Hindernisse nicht als Blockaden oder als unliebsame »Zeitgenossen« zu begreifen, sondern als Möglichkeiten, der uns innewohnenden Gottheit entgegen zu wachsen, führt zu einem Zuwachs an Kraft, Klarheit, Wahrheit und Liebe..

Unser Ich erhä(el)lt auf diese Weise immer tiefer die Erkenntnis seiner Aufgabe und auch die Möglichkeiten, diese zu tun : der Erdenentwicklung Liebe und Brüderlichkeit zufließen zu lassen, die die Menschheit als das ausweist, wozu sie gedacht ist.

Aus Freiheit sich für die Liebe zu entscheiden, die ihre Matrix ist.

Alles, was wir an Überwindungskräften in unserem persönlichen Leben mobilisieren, stärkt unser Ich und die Verbindung mit unserem höheren Selbst und hat Auswirkungen auch auf das Weltgeschehen. Die Erkenntnis, dass wir als Menschen hier auf diesem Planeten die Aufgabe und die Möglichkeit gleichermaßen haben, lieben zu lernen – unabhängig vom Gegenstand der Liebe – führt zu Wachstum und innerem und äußeren Frieden.

Kapitel 5:
Die Seele ist liebendes Fühlen.

Die Seele hat sowohl Anteil an dem Körper als auch an dem Geist. Sie ist sozusagen in der Mitte des Menschen »platziert«. Und sie beeinflusst unsere Wahrnehmung von der Welt über unsere Empfindungen einerseits und unserem Verstand und unserem Bewusstsein andererseits. Sie ist wie ein Seismograph oder Kompass, der uns anzeigt, wo wir uns gerade befinden und welche Wege es zu beschreiten gibt, um von einem Seelenzustand in einen anderen zu gelangen. Wenn wir sie uns bildlich, als in der Mitte stehend vorstellen, eingebettet zwischen Körper und Geist, so wirkt sie nach unten hin in den Körper hinein über das Fühlen und nach oben hin zum Geist erwachend über das Bewusstsein. Unser Ich entwickelt sich an Hand von Seelenprozessen, die ihren Ausdruck sowohl auf körperlicher Ebene spiegeln als sich auch in unserem Bewusstsein abbilden. Jede Erfahrung, die wir machen, ist von unserer (seelisch/geistigen) Haltung geprägt. Die Seele in ihrer Möglichkeit, sich sowohl über ihr Fühlen wahrnehmend liebevoll mit der Welt zu verbinden als auch zerstörend auf die Welt einzuwirken, ist der Motor für unsere Entwicklung zur Freiheit und Liebe Mit Hilfe unseres Ichs können wir uns entscheiden, Schicksalsschläge als vernichtende, von außen kommende Ereignisse zu begreifen, die uns ohnmächtig zurücklassen oder sie als Möglichkeiten auffassen, uns selber besser kennenzulernen in einem Prozess, der auf Wachstum und Liebe angelegt ist.

Unsere Seele und unser Ich sind Verbündete in diesem lebenslangen Lernen.

Über das Empfinden, das unserer Seele innewohnt, werden wir konfrontiert mit unseren eigenen Verhaltensmustern, die ein anderer Mensch uns spiegelt und erfahren somit etwas über uns selbst, wenn wir bereit sind in diesen Spiegel zu schauen, den der Andere uns hinhält. Diese Begegnungen werden von unserer Seele eingeleitet und dienen unserem Erwachen in unser wahres Ich oder höheres Selbst. Unser Ich entscheidet nun, wie wir den Ereignissen in unserem Leben begegnen, mit welcher Haltung wir sie verantworten, ihnen Antwort geben. Das betrifft gleichermaßen auch unsere Sicht auf die Welt. Bemühen wir uns um Verständnis und um Erkenntnisse von Zusammenhängen, die über das Schwarz-/Weißdenken hinausgehen, so geben wir auf Dauer uns selbst und auch den Prozessen des Weltgeschehens eine neue Richtung, die friedvoll verändernd wirkt sowohl in unserem Bewusstsein als auch im Weltgeschehen. Empathie und Wahrheitsbewusstsein sind hierfür notwendige Voraussetzungen. Gehe ich davon aus, dass die Liebe die grundlegende und der Schöpfung innewohnende Kraft ist, kann dieser Erwachensprozess nur durch und mit uns Menschen geschehen und erfordert unseren freien und bewussten Willensentschluss. Die Seele führt uns diesen Weg, individuell/persönlich und auch gesamtgesellschaftlich.

Sie gibt uns über die Erfahrungen, die wir in unserem Leben machen, und die Empfindungen, die mit diesen Erfahrungen einhergehen, alles, was wir benötigen, um voranzuschreiten und immer tiefer in das Mysterium des Lebens einzutauchen. Da die Seele eine Ausformung der allumfassenden Liebe ist, ist auch alles, was sie uns beschert, Ausdruck dieser Liebe.

Oft wird uns das am Ende eines Weges, der uns durch Leid und Abschied geführt hat, bewusst, nicht immer, wenn wir mitten darinnen stehen. Wir erkennen im Nachhinein wie wertvoll und weiterführend und auch befreiend ein »Schicksalsschlag« sich in unserem Leben ausgewirkt hat. In diesem Sinne ist die Seele eine uns liebevoll begleitende Gefährtin, die uns durch all unser Fühlen trägt und stets unser höchstes Wohl im Blick hat, auch dann – oder gerade dann – wenn von uns scheinbar Unmögliches verlangt wird.

Kapitel 6:
Der Geist ist liebendes Bewusstsein

Was ist der Geist? Wie erfahre ich den Geist in mir? Geist und Gedanken sind sie von der gleichen Substanz? Und von welcher Substanz spreche ich, wenn ich mich auf den Geist beziehe? Anders als die Seele, die sich mir in Empfindungen offenbart und deren Gegenwart ich auch körperlich/materiell erfahren kann über meine Stimmungen, mein gestimmt sein in der einen oder anderen Weise, braucht es zur Entdeckung und zur Erfahrung gedanklich/geistiger Phänomene ein feineres Hinhören, ein stilleres Lauschen und letztlich ein bewussteres Wahrnehmen. Die Grenze zwischen seelischem Erleben und geistigem Wahrnehmen ist oft fließend. Wenn ich mit meinem Fühlen tief verbunden bin und diesem nachspüre, können sich meine inneren Ebenen weiten und ich vermag in einen Zustand des Ausgedehntseins zu gleiten, der die Begrenzungen meines Körpers aufzuheben im Stande ist. Hier an diesem »Ort« komme ich dem geistigen Wesen in mir sehr nahe. So gesehen ist mein Fühlen die Grundlage zur Erfahrung geistiger Wirksamkeiten. Dieses Fühlen, auf das ich mich hier beziehe, ist nicht zu verwechseln mit den willkürlich und schnell wechselnden Empfindungen, die mich zuhauf im Alltag heimsuchen, es ist vielmehr ein bewusstes Innehalten im Prozess des Fühlens und ein Hineinspüren in den Körper, der mir die Resonanz zeigt, dessen ich gerade im Moment gewahr bin.

Wie aber sieht es mit dem Geist aus und den Gedanken, die sich in mir formen?

Worüber nehme ich diese wahr und welche Resonanz in meinem Inneren ist wirksam?

Und wie erlebe ich diese?

Im Sprachgebrauch reden wir davon, begeistert zu sein von einer Idee, einem Gedanken oder auch einer Handlung. Wir verwenden auch das Bild des »Entflammtseins« für eine Idee oder einen Zustand. Und noch ein drittes Moment wird mit dem Geist assoziiert, wenn es heißt: »der Geist weht, wo er will …«

Wie erleben wir diese, dem Geist zugeordneten Eigenschaften. Bin ich von einer Idee begeistert, drückt sich das in meinem ganzen Wesen aus. Nicht nur in meinen Gefühlen entsteht ein lichtvoller Raum, der mich motiviert, über mein »Alltags-Ich« hinauszuwachsen.

Auch in meiner Gedankenwelt weitet sich ein Raum und gibt Platz frei für schöpferisches Gestalten, das der Idee »Flügel« verleiht und sich zu ungeahnten Höhen emporschwingt. Ist diese flammende Kraft stark genug, ergreift sie meinen Willen und ich setze die Idee in konkrete Handlungsschritte um.

Nun ist die Frage zu stellen, wer hat diese Idee in mir bewirkt und wieso konnte sie eine solche Energie in mir freisetzen? Kann ich diesen Zustand willentlich herbeiführen, mich zu begeistern, um etwas Schöpferisches in die Welt zu bringen?

Anders gefragt, was braucht es an inneren Kräften und Begegnungen, damit ich von einer Idee ergriffen werde und sie mich mit Begeisterung durchströmt.

Begeisterung ist ein Zustand der Fülle, des im gegenwärtigen Moment vollkommenen Bewusstseins. Ich bin mit all meinen Sinnen präsent und wach und nehme die Energie (Substanz) hinter der Idee wahr. Das, was meine Begeisterung auslöst, ist der dieser Idee innewohnende Geist, die Geistesgegenwart, die mir in diesem Moment aufleuchtet. Auf diese Weise kann ich mich dem Phänomen der Begeisterung – in vorläufiger Weise – nähern.

Aus dem bisher Gesagten ziehe ich den Schluss, dass ich mich zwar nicht willentlich in ein »Begeisterungsgeschehen« »einloggen« kann, dass ich jedoch sehr wohl durch ein bewusstes, waches und differenziertes Erleben meiner Selbst mich für das Wahrnehmen des Geistigen in mir, im Anderen und in der Welt, schulen kann. Erfasse ich so immer tiefer, »was die Welt im Innersten zusammenhält«, werde ich mir meiner Verbundenheit mit dem Geist, der mich und alles Lebendige wandelnd und wärmend durchströmt, beseelt und hervorbringt, gewahr.

Das erschafft in mir ein bleibendes, mich durchdringendes Bewusstsein von der Allmacht der Gottheit, die sich mir jederzeit durch den Geist offenbaren kann, wenn ich mich für sie öffne. Ich erfahre die liebende und schützende Präsenz hinter allem Geschehen und einen zutiefst weisheitsvollen Plan, der mich als Mensch fordert, herausfordert und ermächtigt, im Sinne der Geistesgegenwart mein Leben immer tiefer zu gründen und aus diesem Bewusstsein heraus, meine Verantwortung für die Schöpfung, die mir anvertraut ist, zu leben.

Schaue ich so in mich selbst und in die Welt, erschließt sich mir überall und in allem, die Geistsubstanz der Materie, die sich wieder herauslösen möchte oder auch hineinwirkend erfahren sein will, was letztlich ein und dasselbe ist. Nur der Mensch kann diese Verbindung zwischen Geist und Materie wieder herstellen. Sein Werkzeug ist die Liebe, mit der er die Welt neu beseelen kann und soll, so wird die Erde ein Ort der Brüderlichkeit/Geschwisterlichkeit und die Menschheit erfährt den der Welt und ihr innewohnenden, heilenden Geist als die Seinssubstanz des Lebens, mit der er ewig eins war und ist. Die Welt mit dem Herzen zu umarmen ist Ausdruck dieser geistigen Liebessubstanz, die sich gleichermaßen in unser Bewusstsein und unser Herz senken möchte und so Heilung auf allen Ebenen unseres Seins ermöglicht und be-wirkt.

Kapitel 7:
Der Körper ist das Instrument und der Ausdruck der liebenden Handlung.

Der Wille offenbart sich im Handeln. Handeln ist materiell gewordener Geist, Ausdruck schöpferischer Kraft. Sollen meine Handlungen bewusst vollzogen werden, bedarf es eines Plans im Unterschied zu unbewusst ablaufenden, willkürlichen Handlungen, die ohne unser Zutun geschehen. Hierzu gehören all unsere »normalen« körperlichen Funktionen, die uns als Menschen auszeichnen.

Diesen ausführenden Tätigkeiten liegen Willensimpulse zugrunde, über die wir nicht bewusst verfügen, die sich aber vollziehen und unser Leben in dieser Weise erst ermöglichen. Welche Muskeln betätigt werden, damit wir gehen, sitzen, stehen … können wir zwar wissenschaftlich erfassen, diese aber nicht willentlich verändern. Sie sind Teil eines genialen, umfassenden Plans, der unser Leben hier auf der Erde in einem Körper möglich macht. Was allein das bedeutet, erfahren wir, wenn ein Teil unseres Körpers verletzt ist und nicht mehr »funktioniert«. Ich habe zwar Einfluss auf den Heilungsprozess über Maßnahmen, die ich ergreifen kann und die hilfreich sind, aber wie genau diese Heilung geschieht, welche inneren, meinem System immanenten Kräfte hier wie wirken, bleibt mir in der letzten Konsequenz verschlossen. Zusammenhänge können untersucht werden, aber die Kraft hinter den Erscheinungen, die messbar und erforschbar sind, kann auf dem rein wissenschaftlichen Weg nicht erfasst werden. Wir nehmen Wirkungen wahr und können diese analysieren, auffächern, neue Erkenntnisse gewinnen, aber wir halten uns immer im Bereich von Ursache und Wirkung auf und bewegen uns in einem Zirkel, in einer Blase. Um diesen Kreislauf zu durchbrechen, braucht es ein anderes Bewusstsein, eines, das dem Körper, der Materie, nicht die Ursache und die Wirkung von Leben zuschreibt, sondern in der Ver-Körperung den Ausdruck seelisch-geistiger Wirksamkeiten erkennt, Kräfte, die Leben erst ermöglichen. Wir könnten auch sagen, eine Schöpfungsidee, Ein Schöpfungsplan liegt allem Leben zu Grunde und drückt sich in der großen Vielzahl der Erscheinungsformen des Lebens aus.

Und wie im Großen, so ist es auch im Kleinen. Der Mensch hat die gleichen Schöpferkräfte in sich, aus denen heraus er geschaffen wurde. Auch er erschafft sich immer wieder aufs Neue. Mit jedem Gedanken, jedem Gefühl und jeder Handlung erschafft er sich seine Realität.

Gut ist es, wenn er darum weiß und einen Plan hat, wie er seine Schöpferkraft nutzen kann, zu seinem höchsten Wohle und dem der anderen Lebewesen auf dieser Erde.

Meine Inkarnation hier auf der Erde folgt einem Seelenplan, den ich mir wählte, um mir meiner Selbst bewusst zu werden. Mein Selbst ist identifiziert mit der Liebe, die in Freiheit das eigene Wohl und das Wohl der anderen im Blick hat. Die Erde ist ein »Lernplanet«.

Hier habe ich die Möglichkeiten, mich in Bezug zu meiner Gottesbeziehung zu erfahren, der Maßstab hierfür ist die Liebe, von der weiter oben die Rede war. Hindernisse, die sich dabei ergeben, kann ich als Lernchancen anerkennen, die mir ermöglichen, über mich hinauszuwachsen und meinem Ziel, Liebe zu sein, treu zu bleiben.

Es braucht dazu Erfahrungen und Entscheidungen. Den Entscheidungen gehen Willensprozesse voraus, die im besten Falle dann zu Taten führen. Nur so kommt Bewegung in mein Leben.

Würde ich alles dem »Schicksal«, der Vorsehung und Gott überlassen, wäre ich orientierungslos und passiv. Ohne Eigenverantwortung triebe ich wie ein Fötus im Mutterleib herum, in vollkommener Abhängigkeit. Meine Schöpferkräfte zu erfahren, bedeutet, mich auf den Weg der Selbsterkenntnis und der Selbstverwirklichung zu begeben, anzudocken an meine Lebensumstände (sie bejahen) und mein Schiff bewusst und beherzt durch die unberechenbare See zu steuern, in der Gewissheit, dass Schiff, Steuermann und See ein und dasselbe sind: Möglichkeiten, durch das Ergreifen des Steuers meinem Kurs zu halten und zu lenken. Der Wille, der zur Tat wird, erschafft Realitäten, neue Welten, erfasst größere Zusammenhänge, macht mich zum Schöpfer meines Daseins.

Die Möglichkeiten sind vielfältig, unendlich. Mein Verstand setzt hier die Grenzen über seine Vorstellungen, Glaubenssätze und einschränkenden Lebensmuster. Aber auch er dient meinem Seelenplan, mich als Schöpfer meines Lebens zu erfahren. Auch er erfüllt seine Aufgabe, mich ins Zentrum zu stellen, in die Verbindung zu einem Gott, der mich nach seinem Ebenbilde schuf.

Jede Begrenzung, jede Beschneidung meiner Selbstständigkeit, wie auch jede Erweiterung zu meinem Selbst-Bewusstsein hin, ist Teil des Seelenplans, fordert mich heraus, stehen zu bleiben oder voranzuschreiten, mir bewusst zu werden über meine Ziele und meine Verantwortung mir selbst, dem Schöpfer und diesem Planeten gegenüber. Die Erde, auf der ich lebe, ernährt mich, wodurch sie meinen Körper erhält, der mir wiederum die Möglichkeiten gibt, hier auf der Erde Erfahrungen zu machen, die mich als seelisch -geistiges Wesen erkennbar werden lassen und so meine Handlungen beeinflussen. Körper, Seele und Geist bilden eine untrennbare Einheit, wirken jedoch auf unterschiedlichen Ebenen, mit dem sie einenden Prinzip: Liebe zu manifestieren.

Der Körper ist schlafender Wille, in ihm sind alle Möglichkeiten geborgen, er beherbergt Seele und Geist und wird gleichzeitig von ihnen erhalten, so dient er Ihnen als das Instrument der Umsetzung, Erkenntnisse im Bewusstsein zu etablieren und der Handlungsebene zuzuführen.

Jeder Gedanke, jede Erkenntnis ist an meinen Körper gebunden. Er trägt die Weisheit der Seele und die Klarheit des Geistes zu neuen Ufern der Schöpfung. Er kann, er will, er soll handeln, jedoch nicht ziellos, nicht planlos, nicht blindem Aktionismus gehorchend.

Er dient, er führt aus, was die Seele und der Geist ihm erschließt. Er wird belebt durch Seele und Geist, er folgt diesen Gesetzmäßigkeiten im Sinne von: die Energie folgt dem Gedanken. Mein Denken kann mich schwächen oder stärken und mein Körper reagiert hierauf.

Meine Gefühle können mich erleichtern oder beschweren, und mein Körper reagiert hierauf. Der Bewegungsdrang, Erfahrungen und Erkenntnisse umzusetzen, werden so beeinflusst.

Innehalten, statt aushalten. Begreifen, indem ICH ergreife und gestalte, statt zu machen. Tätig sein, ohne ständig tun zu wollen, verbindet diese unterschiedlichen Ebenen meiner Existenz miteinander und erkennt die Notwendigkeiten an, die dem Leben immanent sind.

Not zu wenden ist das Gebot der Stunde, liegt allem fruchtbar werdenden Handeln zu Grunde und ist Ausdruck meiner persönlichen Freiheit, in eben diesem Sinne der Not-Wendigkeit.

Da, wo ich mich dem Liebesstrom des Schöpfers und seiner Schöpfung hingebe, entsteht die Bereitschaft, anzunehmen, in der Gewissheit, dass sich alles zu meinem Besten hin entwickeln möchte. Hieraus erfolgen Vertrauen, Friede und ein dankbares »einverstanden sein«.

Der Wille, mich als Geschöpf mit meiner mir innewohnenden Schöpferkraft zu verbinden und mich zur Verfügung zu stellen, die Welt zu einem Ort des Friedens zu gestalten, beginnt immer zuerst bei mir selbst, will dieser Wille wirksam werden. Meinen Willen zu stärken, erfordert meine echte, wirkliche Zustimmung und Anerkennung, zunächst mental, danach physisch lebbar, einsetzbar.

Fragen in diesem Kontext könnte sein:

- Wie gestalte ich meinen Tag? Welches Verhältnis besteht zwischen Aktivität, Innehalten und Bewusstheit. Lenke ich mein Tun, nehme ich Einfluss oder lasse ich mich treiben durch den Tag?

- Wie erfahre ich mich dabei? Ohnmächtig, willenlos den Umständen ausgeliefert oder beherzt zugreifend und ergreifend, was sich als Notwendigkeit gerade in meinem Alltag zeigt?

Eine Möglichkeit, in dem Prozess der Willensbildung voranzuschreiten kann sein, sich in die Stille zurückzuziehen (Meditation, Natur). In die Stille zu gehen, kann zu einer enormen Willensstärkung beitragen.

Wille und Stille sind keine Gegensätze, sondern Ergänzungen derselben Kraft, die mich durch mein Leben navigiert und der ich mich verpflichtet habe, von Beginn an! So ist diese Kraft nichts außerhalb von mir Existierendes. Sie ist ein mir Einwohnendes, mich gestaltendes, universelles Liebesgeschehen.

Im Einverständnis mit meiner persönlichen, jetzigen Form, erwecke ich sie jeden Augenblick zum Leben, bewusst oder unbewusst, lasse sie brach liegen, wie ein unbearbeitetes Feld, das keine Früchte hervorbringen kann, wenn ich es nicht vorbereite, fruchtbar zu werden.

• Stärkung des Willens. Übung hierzu:

• Jeden Tag einen Vorsatz ausführen

• Keinen Vorsatz haben.

Sich bewusst für das eine oder das andere zu entscheiden ist eben schon ein Ausdruck meines Willens. Ausdruck meiner freien, bewussten Entscheidung. Keinen Vorsatz haben ist nicht zu verwechseln mit Lethargie oder »Null Bock« Stimmung. Das sind eher Folgen der Willensschwäche, die hierin zum Tragen kommen.

All diese unterschiedlichen Erfahrungsebenen, die wir durchlaufen und die wir »Leben« nennen, dienen unsere Bewusstwerdung, wer wir wirklich sind und was durch uns und mit uns in die Verwirklichung kommen möchte.

Zu meiner eigenen Schöpferkraft hin zu erwachen und diese zu meinem höchsten Wohle und dem der Welt einzusetzen, ist meine Verantwortung als Mensch und mein göttliches Erbe. Mehr Wissen braucht es nicht. Alles andere kommt dann zur rechten Zeit und wird mir offenbar(t).

Noch einige abschließende Bemerkungen zu diesem Kapitel: Der Körper ist das Instrument der liebenden Handlung.

Das Wollen, das aus unseren eigenen, nur auf uns selbst bezogenen Wünschen resultiert, ist ein leibgebundenes Wollen, ist getränkt mit Eigensinn und Anhaftungen und orientiert sich hauptsächlich an materiellen Bedürfnissen. Es kann so nur in der Begrenzung seine Erschaffung verwirklichen.

Freies Wollen orientiert sich an einem höheren Ziel als »nur« dem persönlichen Glück. Es ist dem »Gang der Geschichte« verpflichtet, dem großen Plan der Gottheit, die in der Einheit der Vielfalt ihren Ausdruck findet und in der Mitte unseres Herzen wohnt.

Aus dieser Mitte lebend, an dieses Zentrum willentlich hingegeben, ist unser Wille zur Tat in sich vollkommen und erfüllt den Gang der Sterne über diese hinaus, hin zu der Kraft, die diese Sterne regiert und ihr Urheber und Vollender ist. Aus der Hingabe und der ihr innewohnenden Weisheit – in Verbindung mit den Göttern – erreiche ich mein wahres Ziel:

Mitregent, Mitschöpfer, Mitverwalter zu sein im großartigen Zusammenspiel von Himmel und Erde, das in der Liebe urständet, und seine endlosen Kreise um diese Mitte zieht, sich selbst vergessend und so sich selbst und alles Leben immer wieder neu erschaffend.

Schlussbemerkungen.

Die Arbeit an diesem Buch hat mir Einiges abverlangt an Disziplin und Weitsicht. Wenn ich mich dazu entschlossen hatte, mich hinzusetzen und mich mit dem jeweiligen, im Entstehen begriffenen Inhalt zu verbinden, ging mir das Schreiben leicht von der Hand und erfüllte mich zusehends mit Dankbarkeit. Alles, was ich hier beschreibe und in Gedankenformen zum Ausdruck bringe, in Zusammenhänge fasse und weite, ist von mir selbst erfahren. Es ist ein Bekenntnis meines Lebens, so wie ich es erfahre und in einen Sinnzusammenhang einordne. Von daher hat sein Inhalt sich ständig erweitert, vertieft und mich zu umfassenderen Erkenntnissen geführt, je nach den Erfahrungsprozessen, denen ich bereit war, mich zu öffnen. Hinter dieser Bereitschaft stand immer der Wunsch, mich besser zu verstehen und immer klarer den Zusammenhang von persönlichen Ereignissen (Schicksalsmomenten) zu erfassen in Ihrem Versuch, mich als geistiges Wesen zu finden und mich dieser Tatsache zu überantworten. So nahmen die Ereignisse und die Erfahrungen, die sie mir ermöglichten, immer mehr den Charakter der Vorsehung an, statt der Beliebigkeit.

Alle Begegnungen und Begebenheiten wurden mir zum Spiegel meiner Selbst und führten mich direkt in meine Eigenverantwortung, die zunehmend gepaart war mit Dankbarkeit für Alles, was mir das Leben, mein Leben, zeigte. Diese Sicht auf die eigene Biographie blieb notwendigerweise nicht ohne Auswirkung auf die Sicht der Welt, denn wie innen so außen, heißt es sinngebend bei Goethe. Ich und die Welt, die Erde und die auf ihr lebenden Geschöpfe sind Eins und jeder Versuch, sie voneinander zu trennen, führt zu Schmerz und Kampf und zur Verdunkelung des Lichtes, das in uns wohnt und mit dessen Hilfe wir uns selbst und unseren Planeten erhellen, durchlichten und heilen können. In diesem Sinne ist dieses Buch eine etwas andere Art der Biographie und es macht mich dankbar und glücklich, dies mit Ihnen zu teilen.

Ausgewählte
Gedichte

Das Leben – Eine Reise
September 2016

Das Leben ist eine Reise,
die weder Anfang noch Ende kennt.
Sie beginnt in der Zeit und weist über sie hinaus
in die Ewigkeit
Von Raum zu Raum oft wie im Traum
wird Wirklichkeit lebendig-
sie trägt uns fort an einen Ort
tief innen wo wir schweigen
und Stille uns umhüllt.

Es ist das Leben selbst,
das uns empfängt und uns entlässt
wie Wellen uns umspült
und uns ohne Vorbehalt
rückhaltlos durchliebt.

Hinterm Horizont
26. Dezember 2018

Hinterm Horizont wartet das Unsagbare
um sich mir mitzuteilen.
Hinterm Horizont
lösen Eiskristalle ihre Struktur
und Bäche kühlen Wassers tränken die Oasen der
Wüste.
Hinterm Horizont
– das blaue Licht –
ein einsamer Stern voll glühender Verheißung
– unsere Erde –
Hinterm dem Horizont
erfinden sich die Menschen neu
lassen ihre Verkrustungen auf alten Wunden
in selbstgezimmerten Särgen zurück.
Nehmen nur mit was wesentlich
zu neuen Ufern sie trägt
lassen sich an ein Land spülen,
dessen Häuser nicht auf Sand gebaut sind
in deren Ebenen wilde Pferde zu blauen Bergen galoppieren
die Gräser sich sanft im Winde wiegen.

Eine Melodie erklingt aus Kindertagen
und mein Herz pocht an das Tor der Schöpfung
bereit einzutreten und seinen Platz einzunehmen.

Ver-söhn-ung
26. Dezember 2018

– Sohnschaft –
Vater   Mutter
ein   WIR   ein   VIELES
ein Wirrwar an Vielem was ungesagt blieb
sich unbemerkt in die Schlupfwinkel des Vergessens
einnistete
was nicht in die Erscheinung trat
was nur zwischen den Zeilen zu finden war
sich bis ins Unkenntliche zurückzog.

Ein ICH
so hell wie ein Stern am Tag und auch genauso
unsichtbar.
Eine Melodie von weit her aus der Anderswelt
in das Dickicht der Städte gefallen
wo sie tonlos klingt,
lautlos sich einen Weg bahnt
und schon vergangen ist,
bevor sie Gegenwart werden konnte.

Ein WIR
– gemeinsam –
Mensch
und
Erde
Am Himmel ein neuer Stern zeugt von der Geburt
der Liebe

Regentropfen,
5. Februar 2022

Tage wie Regentropfen
fallen in die Muschel meines Herzens.
Sonnenstrahlen glitzern in den Mulden die sich
bilden
eine farbige Welt aus dem Blütenstaub der Kristalle
erwacht zu neuem Leben
schwingt sich empor, einer Kopra gleich
ihre Macht und Würde entfaltend.
Fällt herab auf den Grund meines Seelentons
und die Melodie die entsteht
umfasst mein Leben und das Deine
mit Sanftmut und Hingabe
Formen bilden empfangende Gefäße,
nehmen alles in sich auf
– ohne Unterschiede – ALLES
und führen es an den Ozean der Vergebung
bereit für die Wandlung.

Sternschnuppen,
12. Februar 2022

Sternschnuppen fallen gleich leuchtenden Funken
zur Erde,
erhellen aufs Neue meine nach Klärung dürstenden
Gedanken
wirbeln im kosmischen Strom der Erkenntnis meine
Gefühle durcheinander
und Spuren wärmenden Feuers durchwandern
meine Herzkammern

Über mir öffnet sich der Himmel
und gibt den Blick frei in einen unbegrenzten,
lichtvollen Raum,
in dem die Sphärenklänge der Harmonie
jede Vereinzelung aufheben.
Der Gesang der Engel tönt zur Erde hinab
Dich und mich mit seiner Liebe umfangend.
Wir erfinden unsere Geschichte neu
nehmen an, was wahr sich uns zeigt
lassen es zur Erde sinken, in der Hoffnung
dass wir erblühen im Angesicht der Gottheit,
deren Schicksal tief mit dem Unsrigen Eins ist.

Abschied
13. Juli 2022

DerTag folgt einer klaren Mondennacht-
bleich und traumverhangen
kleidet er mich ein,
nach diesen kurzen Stunden

Mit dem Gesang der Amsel
und dem Rauschen
des Windes
fallen die Schatten
von mir ab

Die Zeit hat leichtes Spiel
an diesem Morgen
Ich
nicht voll erwacht

hinter neiner Stirn
lastet der Traum
von Dir
und die versprochene Nähe
hält meinen Atem fest

Still wendet sich mein Blick
nach der Ebene,
den lichten Höhen darüber

Ich ergreife den Himmel
mit meinen Herzschlag,
laufe die Stufen der
Erinnerung schnell hinab

bevor alles sich
wieder auflöst
im Alltag der Worte

und ich namenlos
zurückbleibe

Hoffnung
7. Mai 2023

Lass uns den Sinn
im Wahren finden

im unendlichen Raum
die Gesetze der Ewigkeit
fassen.

Und im gemeinsamen Weg
unser Sein ausloten

eingedenk all dessen,
was uns in Einheit
umspannt

Heimat
5. September 2023

Blau umfängt mich
der Duft blühender Rosen.

Im Silbermond der Erinnerungen
nisten Sie in den Furchen
meiner durchwachten Nächte

lösen die Träume
aus den Schalen vergangener Taten.

Ich breche auf
zu den Ufern meiner Sehnsucht,
die auf dem Flügelschlag
des Adlers ruht

und finde Zuflucht
in den Nestern aus Sternenstaub.

Die Welt mit dem Herzen umarmen

Eine Lebenseinstellung, die zu Wachstum und Frieden führt.

1. Auflage,
erschienen im August 2024

ISBN: 978-3-7597-7832-1

Text: Sigrid Maria Thelen-Schult
Umschlaggestaltung: Uwe Schaffmeister

Verlag: BoD • Books on Demand GmbH, In de
Tarpen 42, 22848 Norderstedt
Druck: Libri Plureos GmbH, Friedensallee 273,
22763 Hamburg

Über die Autorin

Sigrid Maria Thelen-Schult wurde 1950 in Morbach/ Hunsrück geboren und studierte Germanistik und Pädagogik an der RWTH Aachen.

Sie ist im Bereich der Biographiearbeit tätig, unter anderem durch Aufstellungsarbeit (Familienstellen).

Kontakt:

sigrid@energetische-arbeit.de